DE LA

VÉRIFICATION DES POUVOIRS

DES ASSEMBLÉES POLITIQUES

PAR L'AUTORITÉ JUDICIAIRE

Discours prononcé a la séance solennelle
de rentrée de la Conférence des Avocats stagiaires près la Cour
d'Appel de Toulouse, le 3 Décembre 1905

PAR

Me Alexandre SOURIAC

Avocat à la Cour d'Appel de Pau, Lauréat de la Conférence
(Prix Ebelot).

PAU

G. LESCHER-MOUTOUÉ, IMPRIMEUR, 11, RUE DE LA PRÉFECTURE

1906

DE LA

VÉRIFICATION DES POUVOIRS

DES ASSEMBLÉES POLITIQUES

PAR L'AUTORITÉ JUDICIAIRE

Discours prononcé a la séance solennelle
de rentrée de la Conférence des Avocats stagiaires près la Cour
d'Appel de Toulouse, le 3 Décembre 1905

PAR

Mᶜ Alexandre SOURIAC

**Avocat à la Cour d'Appel de Pau, Lauréat de la Conférence
(Prix Ebelot).**

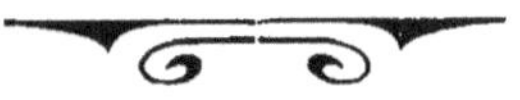

PAU

G. LESCHER-MOUTOUÉ, IMPRIMEUR, 11, RUE DE LA PRÉFECTURE

—

1906

A LA VÉNÉRÉE MÉMOIRE DE

M. J. TIMBAL

Professeur de Droit Constitutionnel à la Faculté de Droit de l'Université
de Toulouse,

MON ANCIEN MAITRE

DE LA VÉRIFICATION DES POUVOIRS

des Assemblées Politiques

PAR L'AUTORITÉ JUDICIAIRE

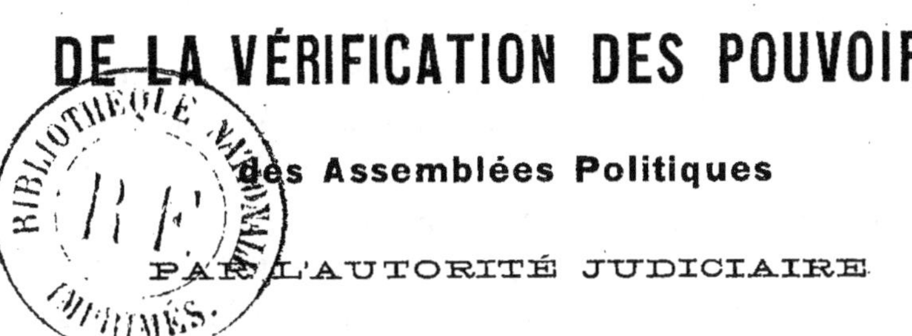

Monsieur le Premier Président (1),
Monsieur le Batonnier (2),
Messieurs,

Citant la belle parole de Montesquieu : « Il n'y a point
» encore de liberté si la puissance de juger n'est pas
» séparée de la puissance législative et de l'exécutrice. Si
» elle était jointe à la puissance législative, le pouvoir sur
» la vie et la liberté des citoyens serait arbitraire, car le
» juge serait législateur », un de nos plus distingués
auteurs de droit constitutionnel modernes ajoute : « La
liberté des citoyens n'est assurée que si le juge est tenu
d'appliquer une loi qu'il n'a pas faite, et si le législateur
ne peut appliquer la loi qu'il fait. S'il en était autrement,

(1) M. Dormand, premier président de la Cour d'Appel de
Toulouse.
(2) Mᵉ Roger Teullé.

la loi pourrait être faite ou modifiée pour chaque procès, selon le caprice, l'intérêt, la passion de celui qui serait en même temps législateur et juge » (1).

S'élever au-dessus de tous les partis pour rendre à chacun ce qui lui revient selon qu'il a mérité ou démérité des règles immuables de la justice ; ne connaître au milieu de leurs fluctuations incessantes que les principes, supérieurs à toutes les combinaisons d'un moment, de l'ordre social, qui doit toujours avoir sa revanche sur les attaques dont il est l'objet, telle est en effet la conception que possèdent du pouvoir judiciaire et de son rôle, tous ceux qui chaque jour participent directement ou indirectement à son exercice : magistrats qui, en son nom, rendent leurs arrêts ; membres du parquet qui les provoquent ; avocats qui concourent à leur prononcé par les lumières qu'ils apportent à la connaissance exacte des faits et à l'application, aussi rigoureuse que possible, des règles juridiques, à chacune des espèces. Cette mission supérieure ne le désignerait-elle pas dès lors d'une façon toute particulière pour intervenir dans les occasions où précisément la surexcitation des passions politiques, les divisions d'opinions, les querelles de partis se trouvent portées à leur plus haut degré d'intensité ? Et plus spécialement, au lendemain des périodes électorales, alors que, toute l'orientation de la vie nationale pendant un certain nombre d'années se trouvant mise en question, il a été plus nécessaire que jamais de délimiter les programmes avec précision, et partant, de faire mieux ressortir leurs irréductibles divergences, pour les soumettre aux appréciations du

(1) Moreau, *Précis Élémentaire de Droit Constitutionnel*, 5ᵉ édition, p. 417.

corps électoral ; alors que des vainqueurs tout frémissants encore des inévitables injures subies et exaltés par la vue même de leur triomphe, éprouvent le besoin d'assurer leur conquête du pouvoir dans la plus large mesure, et que les vaincus, de leur côté, se sentent disposés à toutes les audaces, ou peut-être à toutes les concessions, ne serait-il pas tout indiqué pour procéder à l'opération infiniment délicate, en de telles circonstances, de la vérification des pouvoirs ?

I

Notre législateur de 1875 ne l'a pas pensé et nos lois constitutionnelles qui, dans leur brièveté, ont laissé de côté tant de points importants qui eussent mérité d'être étudiés et fixés par l'Assemblée Nationale, ont consacré, au profit de notre Sénat et de notre Chambre des Députés, le droit absolu de vérifier les pouvoirs de leurs membres, dans l'article 10 de la loi du 16 juillet 1875 : « Chacune des Chambres est juge de l'éligibilité de ses membres et de la régularité de leur élection ». Laboulaye, rapporteur de cette loi devant l'Assemblée, s'exprimait ainsi : « La plupart des articles que nous vous proposons de voter sont empruntés à nos constitutions précédentes. Ce sont des règles qui, depuis longtemps, nous sont connues, et qui forment en quelque façon le droit commun de tous les peuples libres ». Poursuivant, il rangeait « la vérification des élections par chacune des Assemblées, pour ce qui la concerne » parmi les « garanties constitutionnelles que depuis longtemps on ne conteste pas », et ajoutait que la commission avait adopté sans difficulté « ces axiomes politiques » (1). L'Assemblée, partageant cette manière de voir, adopta l'article 10 sans la moindre discussion : on ne discute pas un axiome..... pas plus qu'on ne le démontre !

Ne semblait-il pas d'ailleurs que l'argument tiré d'une sorte de consentement universel des peuples libres suffisait à le justifier ? L'Assemblée Nationale, elle, pouvait en être amplement persuadée : non seulement, en effet, elle avait procédé par elle-même à cette vérification à l'égard de ses membres, en 1871, ce qui s'expliquait assez par de pures considérations de fait, mais encore elle avait élevé à la hauteur d'un principe général de droit public cette pratique, le jour où elle en avait conféré l'exercice, naguère apanage exclusif des assemblées politiques, aux Conseils généraux, par l'article 16 de la loi du 10 août 1871. Nous ne croyons pas en effet qu'ainsi que l'a soutenu M. Daniel Müller dans la *Revue du Droit public*, ce fut « l'amour de la décentralisation » qui inspira seul une telle décision à l'Assemblée (2). Son rapporteur, M. Waddington, indiquait bien qu'il s'agissait à ses yeux d'un principe supérieur, lorsqu'il écrivait : « Il a semblé à votre commission qu'on ne pouvait leur refuser une attribution *qui est en quelque sorte inhérente* à toute assemblée élective d'un ordre supérieur, malgré les difficultés de détail qu'ils pourront rencontrer dans la pratique » (3). M. Bozérian, seul, avait bien risqué quelques observations sur la valeur de ce principe : au nom de celui de la séparation des pou-

(1) *Journal Officiel*, 10 juin 1875, annexe n° 3073, p. 4160.

(2) Daniel Müller. — De la vérification des pouvoirs des députés, ap. *Revue du Droit Public et de la Science politique*, t. IX, 1898, p. 438.

(3) *J. O.* 2 juillet 1871, annexe n° 320, p. 1702.

voirs, notamment, il avait demandé une modification du système de la commission, ce qui ne l'empêchait point d'ailleurs d'affirmer qu'en matière d'élections législatives on pouvait au contraire « faire une petite brèche aux principes, qui n'est pas dangereuse » (1). Ce qui rendait cette argumentation d'autant plus singulière, c'était la manière dont il exprimait ses craintes sur le fonctionnement pratique du système : « L'individu dont l'élection est contestée ou celui qui la contestera, les parties, les plaideurs pourront-ils se présenter devant la barre du conseil général ? transformerez-vous le conseil général en tribunal ?..... Dans l'espèce actuelle, il est possible que non seulement le conseiller général dans le canton duquel s'agite la question électorale, mais que les autres conseillers voisins aient pris parti pour l'un ou pour l'autre. Alors il n'y a aucune espèce de garantie pour les justiciables (2) ». Comment ne remarquait-il pas que les mêmes inconvénients, démesurément grossis, devaient fatalement se reproduire devant une Assemblée plus nombreuse et agitée par des passions autrement formidables que n'importe quel Conseil général ? Précaution oratoire peut-être, surtout à un moment où la vérification des pouvoirs des nouveaux membres de l'Assemblée n'était point terminée ? Au nom des libéraux, M. Lefèvre-Pontalis répondit que les vices connus de tous du système précédent qui avait établi la compétence du conseil de préfecture pour connaître de la validité de ces élections, suffisaient à justifier le vote d'une disposition réclamée d'ailleurs depuis long-

(1) *J. O.* 13 juillet 1871. *Débats de l'Assemblée,* p. 1950,
(2) *Ibid.,* p. 1951.

temps par les intéressés (1). L'article 16 fut cependant renvoyé par deux fois à la commission, la seconde notamment sur l'intervention directe d'un ministre, M. Victor Lefranc, qui courageusement avait, lui aussi, indiqué les inconvénients de ce système. Un optimisme prématuré inspira au marquis d'Andelarre un plaidoyer chaleureux en faveur de la compétence du conseil général et après le rejet de deux amendements qui cherchaient à tempérer les dangers du principe vers lequel tendait sans conteste la majorité (2), l'article 16 fut définitivement adopté.

Quatre années ne s'étaient pas écoulées, Messieurs, que M. Batbie, rapporteur de la commission chargée de l'examen d'une proposition de loi de M. Tallon, devait faire ces constatations quelque peu attristées : « C'est une chose digne de remarque et propre à causer de la surprise que, dans la plupart des départements ou plusieurs élections ont été annulées, les candidats renvoyés devant leurs électeurs appartenaient à la même opinion politique...

« On ne trouve que très rarement parmi les élus inva-

(1) En 1869, un très grand nombre de conseils avaient demandé cette réforme dans leurs vœux, et en 1870 elle avait réuni, au Corps législatif, 75 voix contre 100, ces 75 voix appartenant toutes à l'opposition libérale.

(2) Le premier de ces amendements, de MM. Delille et René Brice instituait une juridiction d'appel des décisions du conseil général ; c'était l'Assemblée nationale qui devait jouer ce rôle, ce qui n'eût fait sans doute qu'aggraver la mesure et contribuer à introduire plus que jamais la politique dans les assemblées départementales.

Le second, de M. Rivet, tendait à maintenir la compétence du conseil de préfecture, admise précédemment par la loi de 1883, mais en adjoignant à celui-ci des magistrats inamovibles désignés par la Cour d'Appel du ressort. Il avait l'avantage de répondre aux critiques contre le peu d'indépendance des conseils de préfecture, tout en maintenant la compétence des tribunaux. Il fut néanmoins repoussé.

lidés, des personnes faisant partie de la majorité du conseil général. Il est constant aussi (le secret des votes n'a pas empêché de le démontrer) que dans le plus grand nombre de cas, les conseillers généraux ont voté avec une discipline remarquable, la majorité ordinairement composée des mêmes hommes étant unie et compacte contre les candidats de la minorité. Si les conseillers s'étaient conduits comme des juges, il serait difficile d'admettre que l'appréciation des faits contestés aurait été faite avec cet ensemble, avec cette cohésion qui est le signe du parti-pris et le caractère des luttes politiques ».

Et M. Batbie terminait en ces termes : « Que la modification de l'article 16 soit acceptée, non comme la victoire d'un parti sur un autre, mais comme le triomphe de la raison et de la justice » (1).

L'Assemblée et le gouvernement partageaient d'ailleurs pleinement cette manière de voir. A la demande de M. Buffet, vice-président du conseil, l'urgence avait été déclarée, antérieurement au dépôt du rapport Batbie (2). Malgré un effort suprême de M. Waddington qui crut devoir plaider coupable, et, par ce moyen, pouvoir arriver à maintenir la compétence du conseil général en premier ressort, sauf recours au Conseil d'État, juge d'appel de ses décisions ; malgré le dépôt de nombreux amendements émanant de certains de ses membres les plus distingués, l'Assemblée adopta à la majorité de 372 voix contre 250 le projet de la commission, établissant le Conseil d'État seul juge de la validité des élections contestées. La confiance du début avait fait place à une méfiance insurmontable en

(1) J. O. 31 juillet 1875, annexe n° 3330, p. 6136.
(2) Séance du 21 juillet 1875. J, O. 22 juillet, *Débats*, p. 5693.

présence de la logique des faits, et seul cet amour-propre naturel aux corporations aussi bien qu'aux individus peut expliquer à notre avis que la juste sévérité dont elle faisait preuve vis-à-vis d'organismes plus humbles ne fût pas étendue par l'Assemblée à tous les corps politiques. Éternel problème ophtalmologique de la paille et la poutre !

II

Sans doute, Messieurs, je viens de le dire, la tradition historique semblait justifier dans la plus large mesure le qualificatif d'axiome politique employé par Laboulaye dans son rapport sur la loi d'organisation des pouvoirs publics. Le droit des Assemblées politiques à opérer la vérification des pouvoirs de leurs membres n'avait-il pas été, en effet, l'une des premières conquêtes de la liberté politique sur l'absolutisme ? Refusé aux États généraux depuis leur origine, il dut être enlevé de haute lutte en 1789. Auparavant, d'après M. Daniel Müller, la vérification se présentait à la fois comme un « contentieux électoral exercé par le conseil du roi, rappelant par plus d'un trait notre procédure actuelle devant les Conseils de préfecture en matière d'élections municipales, et une investiture royale. En réalité, le roi, ayant la haute main sur son Conseil qu'il présidait même le plus souvent, disposait, en ce qui concerne l'admission des Députés, d'une puissance sans bornes » (1). En 1588, une protestation du Tiers, esssentiellement animé des sentiments démocratiques de la Ligue, et enhardi par la faiblesse du pouvoir royal, se manifesta

(1) Daniel Müller, *loc. cit.*, p. 424.

contre l'usage ainsi établi. Il commença l'examen des pouvoirs de ses membres ; mais ce premier essai n'alla pas même jusqu'au bout et échoua devant la résistance de Henri III. L'assassinat de Guise et l'arrestation en pleine séance des principaux chefs de la Ligue, membres des États, achevèrent de briser toutes les tentatives d'indépendance des députés (1).

Il ne devait pas en être de même en 1789. Le droit supérieur du roi à conférer l'investiture aux élus était maintenu par les articles 2 et 10 du règlement du 23 juin 1789, mais les élections contestées étaient jugées par l'ensemble des trois ordres réunis, à la pluralité des suffrages. Ce droit était contrebalancé par la faculté reconnue à chacun des trois ordres d'appeler de la décision intervenue, au roi qui prononcerait en dernier ressort (2). Mais déjà, les trois ordres s'étaient concertés sur cette importante question. La Noblesse se contentait de réclamer la vérification par ordre, et finalement s'était ralliée au système préconisé par Necker, qui était devenu celui du règlement du 23 juin. Le Tiers, lui, ne voulait faire aucune concession à la prérogative royale de l'investiture et réclamait le droit absolu pour la réunion des trois ordres de vérifier les pouvoirs des élus aux Etats. Le Clergé devait décider de l'issue du débat : 135 de ses membres s'étant prononcés pour le projet de Necker et 127 pour celui du Tiers, ces derniers allèrent se réunir au Tiers, et aussitôt après la lecture du règlement royal refusèrent avec lui la délibération par ordre, continuèrent en commun le travail de la vérification des pouvoirs déjà commencé et

(1) Jalliffier, *Histoire des Etats Généraux*, p. 113.
(2) Daniel Müller, *loc. cit.*, p. 430.

l'aidèrent, on le sait, par cette attitude, à obtenir de
Louis XVI la réunion des trois ordres en Assemblée
nationale.

C'était donc, Messieurs, la question de la vérification
des pouvoirs qui venait de servir à l'obtention de cette
importante conquête de la délibératiou en commun des
trois Ordres, qui supprimait leur existence en fait, en
attendant que la nuit du 4 août la supprimât en droit.
Quoi d'étonnant, dès lors, à ce que le droit ainsi reconnu
aux élus de la nation ait pu apparaître pendant longtemps
à beaucoup, comme l'une des conditions mêmes de l'indépendance et de la dignité des Assemblées ? C'est sans doute
dans cet esprit que les Constituants l'inscrivent dans leur
œuvre de 1791 (1), en même temps qu'ils dénient au roi,
par un texte formel, celui de connaître des questions
relatives « à la forme des élections, ni aux droits politiques
des citoyens » et de donner sa sanction à la vérification
des pouvoirs (2).

La constitution inappliquée de 1793 ne contenait pas de
dispositions relatives à celle-ci. Sans doute, le besoin ne
devait pas s'en faire sentir aux idéologues de l'époque qui
croyaient, comme beaucoup de ceux de la nôtre, qu'il
suffit d'avoir trouvé le meilleur des systèmes politiques
pour avoir, par cela même, moralisé les hommes et rendu
excellente leur façon d'agir. Dans le silence de la loi,
M. Müller pense qu'il convient de s'en référer aux principes et qu'il n'est pas douteux qu'à cette époque la

---

(1) Constitution de 1791, titre III, chapitre I, section IV, art. 5
et 6.

(2) Constitution de 1791, titre III, chapitre. III, section III,
art. 713.

manière dont on entendait celui de la souveraineté nationale justifiât l'attribution de ce droit à l'Assemblée (1).

En l'an III, nous retrouvons la même doctrine appliquée.
C'est au « Corps législatif » que l'on remet le soin de
prononcer seul sur la « validité des opérations des
assemblées électorales », et comme ce Corps législatif se
compose de deux conseils, les Anciens et les Cinq-Cents,
ceux-ci, consultés en l'an V sur l'interprétation à donner
au texte, adoptent la théorie d'un député de la Haute-
Garonne, M. Pérez, qui, homme de principes rigides plutôt
que de pratique, leur fait décider que les deux Conseils
ne formant qu'un tout doivent vérifier successivement les
pouvoirs des membres de chacun d'eux. Nombre de
problèmes intéressants de droit constitutionnel pourraient
être posés au sujet d'une semblable et si singulière procédure (2). Mais passons, cela ne rentrant pas tout-à-fait
dans notre sujet (3).

(1) Daniel Müller, *loc. cit.* p. 432.
Cependant, l'un de nos confrères qui a particulièrement étudié
l'histoire constitutionnelle de la Convention nous a fait remarquer
que, de l'ensemble de certaines paroles prononcées dans les
diverses discussions de l'époque, on pouvait conclure à la compétence des Assemblées primaires pour juger de la validité des
opérations électorales dans les Assemblées secondaires.

(2) Par exemple, que devait devenir l'élu dont l'élection était
annulée par un Conseil et non par l'autre ? Si le premier avait eu
à se prononcer sur une proposition d'annulation et l'avait votée,
le second la repoussant validait par cela même l'élection, de sorte
qu'au fond ce pouvait être un va-et-vient continuel d'une élection
contestée, d'une Assemblée à l'autre.

(3) Le système de la Constitution de l'An III permit à la majorité
jacobine de prendre une de ces mesures de violence dont elle se
montra si prodige vis-à-vis de la minorité. Ce fut celle du
25 fructidor, qui institua les membres des Conseils juges des
élections de leurs collègues soumis au renouvellement (on sait que
les Assemblées se renouvelaient par tiers tous les ans) et permit
ainsi à cette majorité d'éliminer les éléments d'opposition qui
furent élus aux élections partielles.

Avec la Constitution de l'an VIII, l'élection des membres du corps législatif et du Tribunat est enlevée au peuple : le Sénat, devient l'électeur des législateurs. Plus que jamais souverain par l'exercice du plébiscite qu'on lui a concédé, le peuple est retenu par sa grandeur même, sans doute, loin des soucis que lui causerait la nécessité de se choisir des représentants. Il n'a qu'à présenter des listes de notables sur lesquelles seront choisis les membres des Assemblées Politiques. C'est uniquement sur l'éligibilité de ces notables que porte désormais la vérification des pouvoirs, et c'est le Sénat lui-même qui y procède avant de faire l'élection (1). Quant à la validité de cette dernière, elle ne peut être contestée nulle part. Système des plus autoritaires et des moins justes, puisqu'il laisse le Sénat libre de commettre même un abus de pouvoir ou une illégalité, si cela lui plaît, sans recours possible (2).

Plus libéral, le gouvernement de Louis XVIII admit, malgré le silence de la Charte sur ce point, le droit pour la Chambre des Députés de prononcer « sur la régularité des élections (3). » L'Acte additionnel avait d'ailleurs admis, dans les réformes qu'il apportait à la Constitution de l'an VIII, le même droit pour la Chambre des Représentants, élue par le peuple et non plus par le Sénat (4). Respecté par les ordonnances de juillet, le principe se

(1) Constitution de l'An VIII, art. 21.
(2) Ne voit-on pas cependant, de nos jours, le Sénat italien dont les membres sont tous nommés par le roi (article 33 du Statut du 4 mars 1848), posséder le droit de vérifier les titres d'admission de ses membres, c'est-à-dire de savoir si le nouveau sénateur appartient bien réellement à l'une des diverses catégories entre lesquelles est circonscrit le choix du souverain ? (Article 60 du Statut).
(3) Ordonnance du 13 juillet 1815, art. 13.
(4) Acte additionnel du 22 avril 1815, article 10.

retrouve dans la loi organique du 19 avril 1831 : « La Chambre des Députés est seule juge des conditions d'éligibilité ». Il ne figure pas dans la Constitution de 1848 ; mais une loi du 15 mars 1849 l'affirme en ces termes : « Les opérations électorales sont vérifiéss par l'Assemblée nationale ; elle est seule juge de leur valeur (1) ». Le décret organique du 2 février 1852 s'appropria cette formule pour consacrer les droits du corps législatif (2). Et c'est sans doute parce que les réformateurs libéraux de l'Empire étaient eux aussi persuadés qu'il y avait là un « axiome politique », que le Sénatus-consulte du 21 mars 1870 ne fait aucune mention de la vérification des pouvoirs : le système était consacré par l'usage constant. Dans la très grande majorité des nations civilisées, il est encore de nos jours en vigueur (3). Quelques constitutions ont admis certains correctifs, destinés à diminuer la part d'arbitraire qui fatalement se rencontre toujours en lui : telle celle de la Roumanie qui exige les deux tiers des voix pour que l'invalidation puisse être prononcée (4), système assez inefficace d'ailleurs et peut-être même dangereux, parce qu'il risque fort d'assurer l'impunité même à des scandales très grands si la position respective des partis au sein de la Chambre ne permet pas d'obtenir un chiffre de voix aussi élevé.

III

Cependant, Messieurs, dès 1868, « l'axiome politique » avait commencé à recevoir un premier coup de la part

(1) Loi du 15 mars 1849, article 68.
(2) Décret organique du 2 février 1852, article 5.
(3) Daniel Müller, *loc. cit.*, p. 441.
(4) Constitution du 12 juillet 1866, modifiée par la loi du 20 juin 1884, article 40.

d'une nation et d'un gouvernement particulièrement res-
pectueux cependant des usages séculaires et bien placés
aussi pour apprécier en connaissance de cause leur exacte
valeur. C'était l'Angleterre, avec le cabinet de lord Derby.

Comme la France, ce pays avait pendant de longues
années connu le pouvoir absolu du roi en matière de
vérification des élections au Parlement. Plus tôt qu'elle,
il s'en était émancipé, sous le règne d'Elisabeth, en 1586,
après une longue lutte, et confiante dans son bon droit la
Chambre des Communes avait poussé l'ardeur jusqu'à
prétendre vérifier la capacité même des électeurs (1),
prétention qu'elle ne maintint d'ailleurs pas, en présence
des résistances formelles de la Chambre des Lords.

« Il faut remonter à la Rome antique pour se faire une
idée du cynisme des candidats et de l'avilissement des
électeurs », dit M. Müller en parlant des élections anglaises
de la fin du XVIIIe siècle. Une Chambre élue dans ces
conditions, et dont un célèbre ministre a pu dire qu'il
connaissait le prix de la conscience de chacun de ses
membres, était évidemment mal placée pour connaître de
la validité des opérations électorales : la vénalité et la cor-
ruption générales y devaient jouer leur rôle comme en
toutes les autres circonstances. Le besoin d'une réforme
devait se faire promptement sentir et sa réalisation devait
être puissamment aidée par la conception même que le
peuple anglais s'est toujours fait des élections.

En France, et de tout temps, l'élection a revêtu le
caractère d'une opération administrative. En Angleterre,
où l'administration joue d'ailleurs un rôle si différent de

______

(1) Election de Mathieu Ashbey. — Voir Daniel Müller, *loc. cit.*,
p. 442.

celui qu'elle remplit chez nous, l'élection est une lutte, un litige entre des particuliers représentants des grands partis politiques mêlés depuis des siècles à la vie nationale. Il est donc assez naturel que pour assurer l'indépendance des Chambres vis-à-vis de l'autorité administrative, de l'exécutif, on ait songé, en France, à leur accorder le droit de vérifier elles-mêmes la validité de cette opération ; on peut considérer qu'il y a là une application d'un principe d'organisation politique que M. Hauriou a énoncé très justement de la manière suivante : « Il faut traduire cette vérité que chacun des pouvoirs est de nature souveraine, c'est-à-dire possède à son profit la totalité des manifestations de la souveraineté ; ainsi, on veut créer des organes politiques différents, par conséquent il ne faut pas leur donner les mêmes pouvoirs, et cependant il faut leur en donner des trois espèces, ou du moins il faut qu'ils participent aux trois espèces (1) ». En Angleterre, il n'en allait pas de même : l'élection étant un débat privé, où l'administration n'intervient que pour assurer à chacun la pleine liberté de ses mouvements et la sécurité, on devait facilement aller jusqu'à admettre que les questions de régularité des actes d'un adversaire fussent déférées par son concurrent à la juridiction ordinaire, en ayant soin toutefois, dans l'organisation même de l'exercice de ce recours, de l'entourer de toutes les garanties possibles.

C'est ainsi que dès 1770, nous voyons le Grenville Act décider qu'à l'avenir on constituera une sorte de jury, pris parmi les membres de la Chambre des Communes, par voie de tirage au sort, et devant lequel le droit de récu-

-----

(1) Hauriou, *Précis de Droit administratif*, 4ᵉ édition, p. 19.

sation pourra être exercé par chaque partie (1). En 1839, une loi nouvelle fut votée, sur l'initiative de Robert Peel. Elle avait pour but de consolider les avantages obtenus par l'Act de 1770 en faisant disparaître les inconvénients encore assez nombreux qui subsistaient et qu'engendraient ie tirage au sort et le droit de récusation, grâce auxquels des députés parfaitement incompétents ou peu sérieux pouvaient devenir juges des élections. A partir du vote de cette loi, le *speaker* a le droit de nommer un Comité général de six membres, qui, à son tour, choisira un Comité particulier de quatre députés chargé de l'examen de chaque cas et dont le rapport est soumis à l'enregistrement de la Chambre (2). Le choix des membres du Comité général peut être frappé, dans les trois jours, d'opposition par la Chambre.

L'Act de 1868 devait achever l'œuvre ainsi commencée. Quelques imperfections subsistant, et la nécessité de trouver un système aussi bon que possible au fur et à mesure que les réformes électorales étendant le droit de suffrage étaient votées apparaissant de plus en plus à tous les esprits, on en vint tout naturellement à l'idée qu'il convenait d'enlever entièrement la vérification des pouvoirs à la Chambre ou à toute autorité issue d'elle.

Ce fut l'objet de cet Act voté à une majorité considérable et qu'un des grands journaux libéraux anglais appréciait justement en ces termes : « La Chambre a compris très bien qu'elle n'allait pas se dépouiller de son autorité et de son prestige, mais qu'il s'agissait seulement pour elle de constater un fait indiscutable, c'est que la meilleure des

---

(1) Esmein, *Eléments de Droit constitutionnel*, p. 706.
(2) Daniel Müller, *loc. cit.*, p. 443.

Assemblées peut faire une très mauvaise cour de justice,
et que la tâche du Parlement est de faire les lois et non
de les appliquer (1) ».

Aux termes de la nouvelle législation, la Chambre des
Communes conserve le droit absolu d'admettre ou de
rejeter un candidat élu. En vertu de ce principe, elle
statue elle-même sur les cas d'inéligibilité pour défaut de
capacité du candidat, quand aucune protestation n'a eu
lieu dans le délai de vingt-huit jours après l'élection (2).
Si une protestation s'est élevée durant ce délai, elle est
déférée à la Haute-Cour de Justice, dans laquelle trois
membres de la section dite Chambre du Banc du Roi sont
désignés par le sort chaque année pour siéger deux à deux
comme juges chargés d'enquêter et d'entendre les parties.
Leur unanimité est nécessaire pour entraîner l'invalidation ;
leur arrêt est inséré au journal des Communes et produit
immédiatement tous ses effets ; il est susceptible d'appel,
avec l'autorisation de la Cour, devant celle-ci.

L'Angleterre n'avait pas été la première à entrer dans
cette voie. Sans doute, le système de la compétence de
l'autorité judiciaire reçoit un appui particulièrement
précieux de sa mise en pratique par un pays considéré à
juste titre comme incarnant le génie du régime constitutionnel et parlementaire. Il avait été cependant inauguré
déjà par la Suède, dans sa *Loi organique du Riksdag*,
de 1866. Aux termes de celle-ci, les protestations contre
les élections sont adressées au Roi ; lorsqu'il s'agit de la
Première Chambre, elles sont instruites par le préfet ou
gouverneur et jugées par la Cour suprême ; quand il s'agit

(1) *Daily News,* n° du 31 juillet 1868.
(2) Daniel Müller, *loc. cit.,* p. 445.

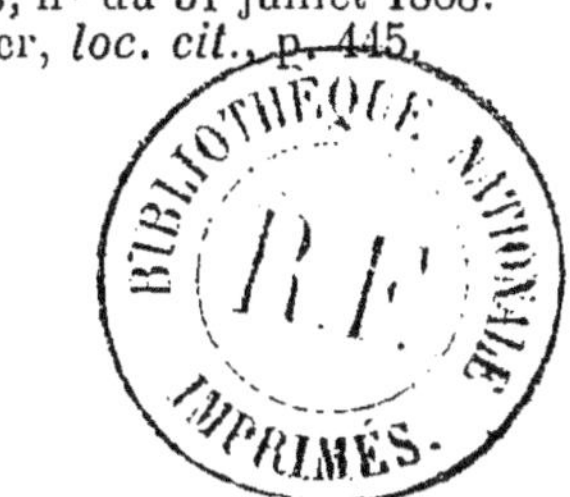

de la Seconde, le gouverneur statue lui-même, sauf appel
devant la Cour (1). Si l'on songe que ce pays compte, lui
aussi, parmi les plus vieux Etats constitutionnels du monde,
on peut convenir que le procédé adopté par lui en reçoit
également une consécration précieuse. C'est sans doute ce
qui nous explique l'adhésion qu'allaient lui donner désormais la plupart des Etats nouvellement nés à la vie
politique ou dans lesquels les réformes électorales allaient
se trouver à l'ordre du jour.

C'est ce qui s'est produit tout d'abord pour la Finlande.
Les tendances libérales qui signalèrent l'avènement au
trône du tsar Alexandre II amenèrent ce prince à convoquer
la Diète du Grand-Duché de Finlande, qui ne l'avait point
été une seule fois par ses prédécesseurs depuis 1808, date
de la réunion du pays à la Russie (2). Par une Loi
organique votée en 1867 et sanctionnée par lui le 3 15
avril 1869, il régla d'une façon définitive la composition
et les pouvoirs de cette Assemblée. On sait que celle-ci est
l'un des rares corps politiques où subsiste la division des
Ordres semblable à celle des Etats de l'ancienne France.
Elle se compose en effet des députés des quatre Ordres :
équestre et de noblesse ; — ecclésiastique (3) ; — bourgeoisie ; — paysans (4). Le premier ne procède pas à des
élections : ce sont les chefs des familles nobles qui se
rendent à la Diète pour les représenter. Au contraire,

(1) Constitution de 1866, articles 11 et 22. — v. Dareste, *Les
Constitutions modernes*, t. II, p. 80).
(2) J. Chailley, *la Finlande*, ap. *Economiste Français*, 9 novem-
bre 1889.
(3) Les professeurs des Universités et écoles votent avec l'Ordre
ecclésiastique.
(4) Article 1er, loi du 3-15 avril 1869. — v. *Constitution de la
Finlande*, p. 74.

chacun des trois autres élit ses députés par diocèse, ville ou circonscription judiciaire rurale (*Domsagor*) (1). Il peut donc y avoir pour eux des contestations électorales. Or, l'article 16 de la Loi organique. prévoyant le cas, confère au gouverneur de la province dont dépend la circonscription en cause le droit de juger les protestations contre une élection dans l'Ordre de la bourgeoisie ou dans celui des paysans ; pour l'Ordre ecclésiastique, ce sont les Chapîtres qui sont institués juges des contestations. Enfin, pour les professeurs en premier ressort, et comme juge d'appel dans les autres Ordres, « l'autorité judiciaire suprême du pays » est chargée de prononcer sur les protestations (2). Cette autorité est la fraction de justice du Sénat. Le caractère contentieux de la vérification des pouvoirs est donc affirmé ici aussi, et le pouvoir judiciaire mis à même de trancher les différends qui peuvent s'élever à ce sujet.

L'exemple de l'Angleterre ne pouvait manquer d'avoir sa répercussion sur la première de ses grandes colonies investie du droit de posséder un gouvernement autonome : le Canada. L'histoire constitutionnelle de ce pays a traversé plusieurs phases que nous n'avons pas à retracer ici ; en 1839, il fut doté d'une constitution unitaire qui ne put durer, par suite notamment des rivalités du Haut et du Bas-Canada. Par l'Act britannique de 1867, il fut constitué en une Confédération possédant un Parlement exerçant le pouvoir législatif et divisé en deux Chambres, le Sénat et la Chambre des Communes. Les membres du Sénat sont nommés par le gouverneur général ; ceux de la Chambre

(1) Articles 11, 12, 13.
(2). Article 16.

par le suffrage des sujets britanniques payant un certain cens. Le Sénat a le droit de décider sur les questions qui pourraient s'élever au sujet des « *qualifications* » d'un sénateur, c'est-à-dire de la réunion par lui des diverses conditions d'âge, de moralité ou de fortune exigées par la Constitution. Ce droit, analogue à celui du Sénat italien que nous avons déjà signalé (1), lui a été conservé. Mais, en ce qui concerne la Chambre des Communes, il n'en a point été de même. L'article 41 de l'Act laissait au nouveau Parlement le droit d'édicter une législation électorale et appliquait provisoirement celle qui avait été suivie antérieurement pour les élections de la Chambre basse sous l'Act de 1839. Dans cette dernière, la vérification des pouvoirs était l'œuvre de la Chambre elle-même. L'*act des élections contestées*, voté le 26 mai 1874, a complètement bouleversé ce systéme. Désormais, l'élection attaquée doit être déférée à la Cour Suprême de la province, dans le district judiciaire de laquelle se trouve situé l'endroit où l'élection a eu lieu. Et « cette Cour est investie des mêmes pouvoirs en ce qui concerne une pétition d'élection que si cette pétition était une cause ordinaire tombant sous sa juridiction (2) ». Tout électeur ou candidat a le droit de protestation dans le délai d'un mois après l'élection ; il doit déposer un cautionnement de *mille piastres* pour couvrir tous les frais exposés et dédommager le candidat si c'est à tort que la contestation s'est élevée. Précaution bonne et sage de la loi, à notre avis, car tout en facilitant largement, comme cela devrait l'être toujours, la punition de la fraude, elle prémunit en même temps les candidats

(1) Voir plus haut, p. 12, note 2.
(2) Voir *Annuaire de Législation étrangère*, 1875, p. 702.

contre les réclamations inconsidérées et malveillantes
n'ayant d'autre but que de porter atteinte à leur honneur
ou de se venger d'eux en leur causant quelques ennuis ou
en essayant de surprendre la bonne foi des juges. La
décision à intervenir est rendue en premier ressort par un
seul juge, mais la révision peut en être demandée devant
une juridiction supérieure, la Cour entière dans toutes
les provinces, sauf Québec où l'on prend seulement trois
juges de la Cour supérieure. Des règles de procédure très
complètes, formant un ensemble de 67 articles, entourent
l'énoncé de ces principes. Elles contiennent toutes les
garanties données aux justiciables en droit commun.

IV

La même année où le Canada se dotait de ce véritable
code des élections contestées, le parlement hongrois votait,
sous ce titre : « *De la modification et du complément
de la loi 1848 : V, et de la loi 1848 : II Transylvaine,* »
une loi sur les Elections parlementaires (1). Elle fut l'objet
d'études spécialement minutieuses : formulée d'abord
comme projet par le ministre Szápáry d'après une proposition antérieure de M. Tòth, elle fut communiquée à la
presse, dont les nombreuses critiques en amenèrent un
premier remaniement. Presque toute l'année 1874 fut
consacrée à sa discussion dans les Chambres, où elle subit
encore de multiples amendements. Elle constitue donc une
œuvre réfléchie, inspirée de toutes les critiques dont
étaient l'objet la précédente législation et les effets qu'elle

(1) Voir *Annuaire de Législation étrangère,* 1875, p. 313.

produisait. Or, ici encore, la compétence judiciaire va être substituée à la compétence parlementaire pour le jugement des contestations d'élections à la Chambre basse, la seule élective dans ce pays. C'est ce que décide en effet l'article 89 : « La Cour royale statue sur les élections contestées. » Le droit de la Chambre est toujours maintenu jusqu'au vote d'une loi spéciale établissant « la manière de procéder de la Cour royale à cet égard. » Cette dernière disposition, justifiée par la proximité des élections générales de 1875, qui ne permettait pas d'arriver au vote de la loi de procédure annoncée fut d'ailleurs assez malencontreuse : après avoir satisfait sans doute sa conscience par le vote du principe, la Chambre céda à la tentation constante que lui offrait la rédaction défectueuse de l'article 89 et retarda jusqu'à 1899 le vote de la loi qui opérait son dessaisissement ; encore celle-ci n'a-t-elle été faite que pour une durée de huit ans. N'importe ! le principe a été posé et mis en pratique, ce qui est l'essentiel. La Chambre garde en principe le jugement des élections contestées, notamment en ce qui touche aux questions d'éligibilité et dans les cas où la Cour suprême n'est pas compétente. La compétence de cette Cour est en effet délimitée par une énumération rigoureusement limitative que contient l'article 3, subdivisé en vingt-sept paragraphes visant chacun un cas spécial. La Cour juge suivant une procédure essentiellement judiciaire elle aussi, et décrite en 129 articles. Son arrêt est définitif en ce qui concerne les moyens de nullité proposés (1).

En 1889, le Japon recevait de son Empereur une constitution, fruit des longues et laborieuses études de

____

(1) *Annuaire de législation étrangère*, 1900, p. 379

tous les hommes politiques les plus éminents de ce pays. « On doit, disait le serment impérial de 1867, point de départ de la prodigieuse évolution politique et scientifique dont son peuple vient de donner l'exemple à l'Europe, aller chercher dans tous les pays les connaissances intellectuelles nécessaires. » En vertu de ce principe, le comte (devenu depuis marquis) Ito fut envoyé par son souverain en une sorte de mission d'études constitutionnelles dans toutes les nations. D'autre part, le temps employé à organiser le nouveau régime permit de se rendre un compte très exact de la valeur de tous les principes qui y seraient appliqués. Le jugement des élections contestées se trouve aussi dévolu, par la loi électorale complétant cette Constitution, au pouvoir judiciaire : Cour d'Appel en première instance, Cour de Cassation dans le cas où la première décision ferait l'objet d'un recours (1).

Le décret de 1852, qui régissait seul jusqu'en 1884 les élections portugaises, avait institué la Chambre juge des contestations dont celles-ci pouvaient être l'objet. Lorsqu'en 1883 la révision des lois constitutionnelles fut proposée sur l'initiative du cabinet Fontes Pereira y Mello, l'une des conditions primordiales mises par l'opposition à sa participation à la discussion du projet ministériel fut justement, chose digne de remarque, que « la vérification des pouvoirs des députés élus fût confiée, non plus à la Chambre, mais *à un tribunal spécial* (2). Ce fut cette juridiction qu'organisa, sous le nom de *Tribunal de vérification des pouvoirs*, la loi électorale du 21 mai 1884.

(1) Tanaka, *La Constitution de l'Empire du Japon, passim.*
(2) Articles 103 et 104.

Le gouvernement et la Chambre, ne voulurent pas abandon-
ner le droit de celle-ci, considéré sans doute comme un
principe supérieur. C'est pourquoi l'on déclara que « la
vérification des pouvoirs continue à être faite par la réunion préparatoire ou par la Chambre ». Mais immédiatement, un correctif essentiel était apporté à ce principe,
puisque le même article reconnaissait le droit à quinze
députés réunis de faire renvoyer, sur une simple réquisi-
tion émanée d'eux, la protestation devant un tribunal dont
la composition était fixée ainsi qu'il suit : le président du
tribunal suprême de justice, président ; trois juges du
même tribunal et trois juges de la Cour d'appel de Lisbonne,
tous désignés par le sort, membres. Ce tribunal spécial
jugeait suivant les règles ordinaires de procédure : publi-
cité des séances, comparution des parties assistées de leurs
avocats, enquêtes, nécessité de motiver les jugements.
Ceux-ci étaient définitifs, aucun appel ne pouvait être
interjeté. Ce système a été étendu par le décret du 28 mars
1895 intervenu dans la période de gouvernement dictato-
rial qu'a traversée à cette époque le Portugal (1), et confir-
mé depuis par la loi du 14 février 1896. Désormais, la
compétence du « Tribunal de contrôle » est totale et n'est
partagée avec aucune autre. Il juge à la fois de l'éligibilité
des candidats et de la régularité des élections.

Tout récemment encore, deux pays nés à la vie et à la
liberté politiques, la Crête et la Serbie, ont immédiatement
adopté ce système. Pour le premier, l'article 46 de la
Constitution de 1899 établit le tribunal suprême juge des
élections contestées, et la Constitution de 1901, pour le
deuxième, défère celles-ci à la Cour de Cassation.

(1) *Annuaire de législation étrangère*, 1896, p. 437.

V

D'ailleurs, Messieurs, dans les pays mêmes qui n'ont point encore transformé leur manière de procéder à cet égard, un mouvement s'est déjà maintes fois manifesté, tendant à substituer le nouveau principe à l'ancien, et ce sont des causes étrangères au fond du débat qui la plupart du temps ont empêché les propositions faites en ce sens d'aboutir.

En France, la consécration constitutionnelle donnée au droit des Chambres a été l'obstacle toujours opposé aux propositions émanées de l'initiative parlementaire. Il eût fallu, en effet, pour modifier l'article 10 de la loi du 16 juillet 1875, entreprendre la procédure de révision ; or, on sait quelle est la défiance manifestée par notre Parlement vis-à-vis de toute révision, et il est à craindre que pendant longtemps encore aucune réforme ne puisse être réalisée chez nous. Ce fut à ce principe constitutionnel que se heurta d'abord la proposition Rendu, dont le dépôt, effectué le 4 avril 1876 (1), causa un violent émoi dans toute la Chambre, dont un membre n'hésita pas à dire qu'elle constituait en elle-même « la première violation de la Constitution », ce qui était véritablement excessif, une proposition pouvant se heurter à un texte constitutionnel, mais ne pouvant guère le violer. Quelques critiques émanées de l'amiral Touchard et de M. Rouher, en 1878, ne furent pas mieux accueillies que celles de M. Rendu,

(1) *J. O.* 5 avril 1876, *Débats de la Chambre*, p. 2398.

« injure gratuite à la Chambre », disait M. Henri Brisson. Une proposition de M. Odilon Barrot, et une toute récente de M. Mirman, qui, très habilement, proposait de confier à un tribunal spécial composé de trois conseillers à la Cour de Cassation, trois conseillers à la Cour des Comptes et trois conseillers d'État désignés par le sort, le soin de faire une « enquête préalable » suivie d'un rapport motivé concluant dans le sens de l'annulation ou de la validation et laissant la décision suprême à la Chambre (1), n'ont pas été examinées.

Par contre, la réforme a été tentée de manières diverses dans trois pays : la Bulgarie, l'Autriche et la Belgique.

Des difficultés innombrables signalèrent les premiers essais de fonctionnement de la constitution bulgare dite de Tirnovo, du 16 avril 1879. Au bout de deux années pleines d'agitation et de troubles, le prince Alexandre annonça dans une proclamation du 27 avril 1881 son intention d'en demander la réforme à une Assemblée nationale convoquée à cet effet (2). Celle-ci, réunie à Sistovo, investit le prince de pouvoirs extraordinaires pour une durée de sept années, notamment de celui de « créer de nouvelles institutions » et « d'introduire des améliorations dans toutes les branches d'administration intérieure ». Quant à la Chambre des Députés, elle demeurait compétente en matière financière et de travaux publics. Ce fut en vertu de ses pouvoirs constitutionnels que le prince Alexandre prit un certain nombre de décrets modifiant la constitution de Tirnovo. Parmi ceux-ci, celui du 25 août 1882 contenait dans son

(1) *J. O.* 30 juin 1903. *Documents parlementaires, Chambre.* p. 1024.
(2) Dareste, *Constitutions modernes*, II, 274.

article 102 (1) une disposition transférant du Parlement au pouvoir judiciaire le droit de vérifier les pouvoirs des membres de la Chambre des Députés. Les protestations devaient être adressées au tribunal de district chargé de les transmettre à la Cour de Cassation qui jugeait l'affaire dans les dix jours, publiquement et le procureur entendu. Le député dont l'élection n'était pas attaquée siégeait de plein droit. Ce système a été de courte durée. En 1883, la la Chambre des Députés ayant approuvé un projet de révision constitutionnelle que le prince projetait de soumettre à une Assemblée nationale convoquée spécialement à cet effet, Alexandre renonça aux prérogatives que lui avait reconnues l'Assemblée de Sistovo et proclama le rétablissement intégral de la constitution de Tirnovo jusqu'à la réunion de l'Assemblée nouvelle (2), ce qui eut pour effet d'abroger le décret de 1882 et de faire revenir à la Chambre le droit que celui-ci lui avait retiré. Quant à l'Assemblée projetée, les évènements politiques de 1885 et 1886 qui aboutirent à l'abdication du prince Alexandre, ont empêché sa convocation. Il n'en reste pas moins fort intéressant de constater que la disparition de l'article 102 fut justement comprise dans les réformes de pacification qu'avait essayé de prendre le prince pour remédier aux troubles incessants dont la Bulgarie était le théâtre.

Ce fut sans aucun doute dans un but semblable d'apaisement que fut déposé en 1885 devant le Parlement autrichien le projet de loi de MM. Coronini et Jacques, contresigné par un grand nombre de leurs collègues de tous les partis. On sait combien vive a été de tout temps la lutte des

(1) *Annuaire de législation étrangère*, 1883, p. 950.
(2, Dareste, *op. cit.*, II, p. 275.

nationalités qui composent ce très hétérogène Empire. De
1879 à 1885, la majorité de la Chambre fut animée de
sentiments franchement fédéralistes, ce qui eut pour
résultat d'exciter la colère du parti allemand, dont les vio-
lences habituelles en amenèrent d'autres de la part des
autres éléments, des Tchèques notamment. Des scènes
scandaleuses d'obstruction et de tapage analogues à celles
dont nous avons entendu le récit il n'y a pas encore longues années, se produisirent. Comment dès lors une Chambre semblablement divisée et surexcitée pouvait-elle procéder
avec quelque apparence de justice et d'équité à l'opération
si délicate de la vérification des pouvoirs ? Or, à ce même
moment, une loi électorale vint élargir considérablement
dans tout l'empire le droit de suffrage. Il devenait plus
nécessaire que jamais d'assurer aux élus les garanties de
respect auxquelles a droit en leurs personnes la volonté
de leurs électeurs. C'est ce qui explique parfaitement la
proposition de loi dont nous parlons et l'accueil qui lui
fut fait. Elle confiait à une cour électorale spéciale *(Wahl-
Gerichtshof)* le soin de vérifier les pouvoirs des députés
et la composait de neuf membres désignés par le sort,
trois par trois, dans les trois cours supérieures, Cour de
Cassation, Reichsgericht et Cour administrative. Ce projet
nous semble avoir largement inspiré celui de M. Mirman,
chez nous. Il ne put malheureusement venir en discussion,
par suite de la fin de la législature durant laquelle il avait
été proposé (1).

Enfin, en 1893, lors du grand mouvement de réforme
qui amena la révision, dans un sens largement libéral, de

____

(1) *Annuaire de législation étrangère*, 1886, p. 175.

la Constitution belge, le gouvernement lui-même, en proposant l'établissement du suffrage universel, demanda que la vérification des pouvoirs fut transférée à l'autorité judiciaire ; mais la Chambre des Représentants, jalouse sans doute de conserver son droit, refusa par 120 voix contre 11, c'est-à-dire sans exception de parti, de comprendre cette réforme dans la révision. Il est vrai qu'en Belgique le besoin s'en fait fort peu sentir : les mœurs politiques et électorales admirablement formées, les précautions multiples et parfaitement observées prises pour assurer la liberté et le secret du vote, font que presque jamais il n'y a de protestations contre la régularité des opérations électorales (1).

VI

Si quelque original historien était un jour tenté d'écrire un martyrologe parlementaire, il se pourrait, Messieurs, que les cas semblables à celui de Baudin n'abondassent pas sous sa plume curieuse. Si l'on pouvait lui être de quelque conseil, le mieux serait de lui indiquer comme sources beaucoup plus fécondes les parties des archives parlementaires où figurent les débats sur les élections contestées. C'est là qu'il rencontrerait, à n'en pas douter, les cas les plus lamentables et les plus dignes d'exciter la pitié de ses lecteurs : ceux des élus infortunés, attaqués avec la dernière violence, n'osant même pas bien souvent prendre

(1) Lors des élections de 1900, les premières faites avec le système de la représentation proportionnelle, deux élections seulement furent contestées, et une seule invalidée. V. Lefèvre-Pontalis : *Les élections en Europe à la fin du XIXe siècle*, p. 253.

leur propre défense, la voyant réduire à néant par les interruptions, les manifestations de parti-pris, et entendant crier : *Aux voix !* avant même d'avoir eu le temps d'opposer tous leurs arguments et de faire valoir toutes leurs répliques. Dans la presque unanimité des cas, les rigueurs de la majorité ne s'exercent que vis-à-vis des membres de la minorité, et il n'est pas jusqu'aux questions de chiffres, dans lesquelles on pourrait croire qu'une jurisprudence est établie, qui ne donnent lieu à des interprétations différentes selon qu'il s'agit d'amis et d'adversaires. Dans ce discours qui n'a pour but que d'examiner la question au seul point de vue de l'histoire et du droit comparé, c'est-à-dire au-dessus de tout ce qui peut paraître une incursion dans le domaine politique, nous nous bornerons à ces généralités, ne voulant citer aucun nom qui puisse donner à notre travail une allure de polémique. Nous préférons nous en remettre à l'autorité des écrivains du droit constitutionnel, qui tous, Messieurs, considèrent, de nos jours, cette pratique comme détestable et aspirent à son remplacement par le système anglais, ou tout au moins par une application du principe dont il est issu, avec toutes les différences d'organisation que la pratique doit forcément apporter.

Ecoutons l'un de nos plus éminents publiscistes modernes, M. Emile de Laveleye, dans son très bel ouvrage : *Le gouvernement dans la Démocratie.* Après avoir cité notamment la France et la Grèce comme donnant le spectacle d'un manque par trop exagéré de scrupules chez leurs majorités, il nous dit : « Ce qui est certain, c'est que ce système (le système français) n'a plus aujourd'hui de raison d'être... Les Chambres électives sont nécessairement animées de l'esprit de parti, lequel, on le sait, aveugle les plus honnêtes gens et les pousse à méconnaître la justice et les faits. Chacun des membres d'un Parlement est convaincu que l'opinion à laquelle il appartient a raison et que de son triomphe dépend le salut du pays. Comment espérer un jugement impartial d'une majorité ainsi composée?... Plus les institutions d'un pays sont démocratiques, plus il faut créer des bornes aux abus du pouvoir de la majorité et des garanties aux droits de la minorité (1) ».

Avant lui, en Italie, les jurisconsultes Luzzatti et Luigi Palma avaient également protesté contre le système suivi par leur pays et semblable à celui de la France. Le second proposait notamment la formation d'une cour spéciale composée de cinq membres de la Cour de Cassation désignés par le sort, et M. de Laveleye y donnait son adhésion, le considérant comme excellent. Leurs désirs de réforme se retrouvent d'ailleurs dans l'ouvrage d'Orlando, le savant professeur de Palerme, membre du Parlement italien, ce qui ne fait que donner plus de poids à son avis : « On comprend facilement, écrit-il, qu'une assemblée ne soit pas en général, très apte à un examen minutieux des faits et à ces délicates appréciations juridiques, qui doivent nécessairement accompagner un jugement ; d'un autre côté, il arrive trop souvent que les majorités, même avec une entière bonne foi, se montrent d'une indulgence excessive pour les élections qui leur sont favorables et, au contraire, d'une rigueur implacable pour celles qui leur sont contraires ». Sa conclusion est que le mieux

(1) E. de Laveleye, *Le Gouvernement dans la Démocratie*, t. II, p. 25 et suiv.

serait de suivre « purement et simplement l'exemple de l'Angleterre » et la seule réserve dont il l'accompagne a trait à la force, à l'indépendance et au prestige qu'exige des magistrats un tel système et qu'il craint de voir faire défaut aux juges italiens. C'est là une question de fait, qui ne diminue en rien l'adhésion du célèbre professeur au principe (1).

En France, M. Saint-Girons, dans son grand ouvrage sur la *Séparation des pouvoirs*, couronné par l'Académie des Sciences morales et politiques, examinant « l'action de l'autorité judiciaire sur le pouvoir législatif », énonce en ces termes un principe auquel nous souscrivons entièrement pour notre part : « Si jamais notre pays était assez heureux pour avoir une autorité judiciaire aussi fortement organisée qu'en Angleterre et aux Etats-Unis, si, perdant la ténacité dans les préjugés qui s'allie à l'humeur révolutionnaire, nous comprenions enfin que la magistrature n'est pas un ennemi à affaiblir, mais l'ami le plus sûr des libertés publiques, notre patrie aurait fait un grand pas vers la stabilité politique qu'elle poursuit inutilement depuis 1789.

« Les deux pouvoirs ont besoin d'un régulateur qui empêche les deux excès de l'omnipotence : la Convention et le Césarisme ; ce régulateur puissant, impartial ne peut se trouver que dans l'autorité judiciaire (2) ». Et l'une des premières applications du principe ainsi posé est faite tout naturellement par l'auteur à la vérification des pouvoirs : « Rien n'est plus dangereux s'écrie-t-il, qu'une majorité

---

(1) Orlando, *Principes de Droit Public et Constitutionnel,* traduction Bouyssy, p. 184 et suiv.
(2) Saint-Girons, *La Séparation des Pouvoirs,* p. 545 et suiv.

sans scrupules, qui, *per fas et nefas,* veut arriver à
l'unanimité, et, au moyen de la vérification des pouvoirs,
décime la minorité à laquelle est refusé tout droit à
l'existence... Le spectacle d'injustices retentissantes, com-
mises par un pouvoir aussi haut placé que le Parlement,
est profondément démoralisateur pour le peuple..... Il
faudrait importer en France le système auquel les Anglais
sont arrivés, après une longue expérience..... La vérification judiciaire est une garantie des droits de la minorité,
par suite elle empêche le despotisme et assure la stabilité
des institutions. »

M. Fuzier-Hermann, dans son étude sur le même sujet,
contemporaine de celle de M. Saint-Girons et qui partagea
avec elle la récompense académique, examine lui aussi le
problème de la vérification des pouvoirs et constate également qu' « il n'y a pas à dissimuler que ce droit constitue
un empiètement sur le pouvoir judiciaire, car il s'agit bien
d'un débat contentieux entre l'élu et les protestataires qui
s'élèveraient contre lui, et ce au sujet de l'application et
de l'interprétation de la loi électorale..... Il est probable
qu'une juridiction extérieure (à moins d'être corrompue
par l'exercice de cette attribution périlleuse) appliquerait
les prescriptions de la loi électorale avec plus d'impartialité
que la majorité de la Chambre à qui on peut tout demander,
sauf de ne pas chercher à faire prévaloir ses tendances
politiques en toute occasion. » M. Fuzier-Hermann se
laisse arrêter ici par la considération que cette juridiction
lui paraît « impossible à constituer » et que celle des
Chambres est faite « pour éviter un pire mal » (1). C'est

(1) Fuzier-Hermann, *La Séparation des Pouvoirs*, p. 324 et suiv.

peut-être là un excès de timidité, ou plutôt de modestie, M. Fuzier-Hermann étant un magistrat.

Cependant, semblable hésitation se retrouve chez l'un des maîtres incontestés du droit constitutionnel en notre pays, M. Esmein. Donnant son adhésion à l'institution anglaise qu'il qualifie de « remarquable », il exprime le doute qu'elle puisse s'appliquer à un autre milieu, car dans aucun autre « les mœurs et la longue pratique de la liberté » n'ont rendu aussi impossible la pression gouvernementale et la magistrature n'a acquis « une autorité morale si haute qu'on ne craint point de la déconsidérer en lui soumettant des questions qui touchent si intimement à la politique. » C'est donc encore une réserve de fait, qui n'empêche point son auteur de reconnaître que le système suivi dans notre pays constitue « un empiètement d'un corps législatif sur le pouvoir judiciaire », et qu' « il est souvent à craindre, parfois presque inévitable, que, dans le jugement des élections contestées, la majorité qui décide n'apporte pas la plus stricte impartialité (1) ».

Par contre, M. Moreau estime, lui, que la Cour de Cassation pourrait être parfaitement investie du droit d'examiner ces élections ; la majorité est en effet « juge et partie » dans cette cause, « et comme les différents partis politiques en usent de même lorsqu'ils disposent de la majorité, l'opinion publique s'habitue à cette pratique démoralisante (2) ». M. Daniel Müller est également de cet avis : « Il importe, dit-il, d'enlever au pouvoir législatif une prérogative qui ne lui appartient à aucun titre et que la jeunesse du régime parlementaire peut seule excuser.

(1) Esmein, *op. cit.*,p. 705 et suiv.
(2) Moreau, *op. cit.*, p. 423.

La vérification des pouvoirs a été, jusqu'à ce jour, un acte politique : il faut, dans l'intérêt de tous, qu'elle reprenne son véritable caractère et qu'elle devienne un acte judiciaire (1) ».

VII

Nous avons à dessein multiplié ces citations, car elles contiennent toutes, avec une grande netteté, l'expression des critiques adressées à notre système français et l'indication des raisons qui militent en faveur de la pratique anglaise (2).

Sans doute, comme l'a écrit M. Müller, notre procédé se comprend dans la jeunesse du régime parlementaire, du régime constitutionnel peut-on dire. En France par exemple, il ne pouvait venir à l'idée de personne de contester la nécessité de son adoption en 1789. Le Parlement avait beau être le rival de la royauté, il avait d'autres raisons d'être aussi celui de la nation et de ses représentants: l'esprit du peuple était aussi monté contre lui, plus peut-

(1) Daniel Müller, *loc. cit.*, p. 454.

(2) Nous n'avions pu avoir sous les yeux, au moment où nous préparions ce discours, le livre de M. Lefèvre-Pontalis sur les *Élections en Europe à la fin du XIXe siècle*. Avec l'autorité qui s'attachait à son nom, ce distingué parlementaire s'y montrait lui aussi partisan du système que nous préconisons et c'est en quelques pages fortement écrites et motivées de son remarquable ouvrage qu'il a justifié son opinion : « Ce qu'on est convenu d'appeler la prérogative parlementaire, disait-il comme conclusion, a été, en 1789, une conquête faite sur la juridiction royale dont dépendait la validité des élections aux Etats Généraux. C'est sur la prérogative parlementaire qu'aujourd'hui une autre conquête reste à faire, afin que le suffrage universel, quand il a des comptes à rendre, ne reste pas justiciable d'une majorité politique qui met trop souvent en pratique la fable du *Loup et l'Agneau.....*▸ Voir Lefèvre-Pontalis, *op. cit.*, p. 13 et suiv.

être et même sans doute, que contre le monarque qui personnellement du moins était sympathique. Et cela se retrouve toutes les fois qu'un peuple s'émancipe du pouvoir absolu : les institutions antérieures sont frappées de suspicion, et toute la confiance repose en l'Assemblée politique dont les membres sont les seuls représentants de la volonté nationale. Que ceux-ci n'accordent leur propre confiance qu'à eux-mêmes et s'arment de tous les moyens qui peuvent servir à leur défense, rien de plus naturel, de plus légitime même : mais, ces périodes de lutte ne doivent avoir qu'un temps, que l'on doit, dans l'intérêt de tous, rendre aussi court que possible : les institutions une fois régénérées par le courant de liberté qui les a traversées, doivent reprendre chacune leur rôle normal. Et le principe essentiel de la séparation des pouvoirs doit de nouveau dominer le fonctionnement de ceux-ci.

Or, il est évident que ce principe est violé d'une façon outrageante par le système français. Deux sortes de questions se posent en effet, au sujet de tout candidat proclamé élu : était-il éligible ? son élection a-t-elle été régulière ? Que nous envisagions l'une ou l'autre, nous verrons toujours que le fait de leur donner une réponse est, suivant l'expression de M. Daniel Müller (1), un « acte juridictionnel », non un « acte législatif ». Il s'agit, en effet, dans un cas comme dans l'autre, d'appliquer une loi générale à des espèces particulières, partant d'interpréter cette loi, et cela est essentiellement un attribut exclusif du pouvoir judiciaire. Tantôt, il faudra savoir si l'élu réunit les qualités voulues de nationalité, d'état civil,

(1) Daniel Müller, *loc. cit.*, p. 447.

de capacité civile ou criminelle, toutes questions d'état que seuls les tribunaux peuvent résoudre ; tantôt on recherche si les formalités exigées par la loi pour le vote, le dépouillement du scrutin, la proclamation de l'élu, ont été observées, et ici encore il s'agit de faire application de la loi à une personne, à un fait donnés ; enfin, il y aura doute sur la moralité même de l'élection, sur la régularité des moyens employés par le candidat pour assurer son succès. Ici, Messieurs, quelqu'un me fera peut-être remarquer qu'il n'y a pas de loi générale règlementant les droits des candidats dans leur campagne électorale, que par conséquent, en ce cas tout au moins, l'intervention du pouvoir judiciaire ne découle point des principes. Je lui répondrai tout d'abord et en passant, qu'il serait désirable que cette loi fût faite chez nous, comme elle l'a été en Angleterre, où tout est nettement délimité dans les droits des candidats, jusqu'au taux des dépenses qu'ils peuvent faire (1). C'est justement en l'absence de cette loi, alors que le législateur transformé en juge la crée et la transforme suivant les espèces, que nous pouvons vérifier la profonde pensée de Montesquieu citée par M. Moreau, que nous avons reproduite en tête de cette étude. Sous prétexte d'assurer la liberté des Chambres vis-à-vis des autres pouvoirs de la nation, on a, en leur conférant ce droit redoutable de vérifier les pouvoirs de leurs membres, anéanti en réalité la liberté et la sécurité de ceux-ci au profit des collectivités tyranniques que sont les majorités. Ingérence cléricale ou administrative ; promesses d'argent ou de faveurs ; usage d'écrits, de proclamations ; régal

(1) Sur la législation électorale de l'Angleterre, voir notamment l'ouvrage déjà cité de M. Lefèvre-Pontalis, p. 69 et suiv.

offert aux auditeurs bienveillants des conférences du candidat, rien de tout cela n'est défini ni précisé, et, en l'absence de toute règle, sert à commettre dans tous les sens et au profit de tous les partis les injustices les plus flagrantes, parce que tel est le bon plaisir du juge-législateur. Mais, en l'attente d'une loi qui viendra tôt ou tard, car des hommes de tous les partis commencent à la réclamer dans nos Chambres, le pouvoir judiciaire serait encore plus rassurant pour la sécurité des élus que celles-ci. Son intervention serait parfaitement légitimée par ce fait que s'il n'y a pas de loi générale sur les causes de nullité des opérations électorales, il y a tout au moins un principe fondamental, celui de la liberté et de la sincérité du vote; principe qui sert de base à toute une législation pénale édictée contre ceux qui y contreviennent et appliquée en toutes circonstances par l'autorité judiciaire. L'invalidation serait rangée parmi les sanctions données à l'affirmation de ce principe et rentrerait comme toutes les autres dans la compétence judiciaire. Là, la nécessité pour les magistrats de motiver leurs jugements ou arrêts serait une première sauvegarde pour les élus, car elle éviterait tout arbitraire dans la décision ; elle ne tarderait pas d'autre part à amener l'édification d'une jurisprudence qui suppléerait au défaut de textes et ne tarderait pas à servir de règle aux usages électoraux, en même temps qu'elle permettrait au législateur, par les matériaux qu'elle lui fournirait, de préparer son intervention mieux éclairée et plus réfléchie. Cette jurisprudence s'est bien formée, au Conseil d'Etat, pour les élections cantonales et municipales, comment n'arriverait-elle pas à se constituer aussi pour les légis-latives ?

La Chambre y perdrait-elle quelque chose de sa dignité et de son indépendance ? Certains l'ont pensé qui ont objecté à notre système l'argument de principe que Mirabeau opposait avec succès, en 1789, aux prétentions royales : la souveraineté nationale et la nécessité de respecter celle-ci en la personne de l'Assemblée qui en émane et ne doit par conséquent avoir aucun supérieur. L'argument de Mirabeau était, nous semble-t-il, ce que l'on pourrait appeler un argument de *milieu*. Le principe de la souveraineté nationale était, en 1789, l'unique antagoniste de celui de la monarchie absolue ; dès lors, c'était à lui seul qu'il fallait avoir recours pour entraîner les votes, et lui seul aussi qu'il fallait soutenir et défendre, car il était le pivot de toutes les réformes et des droits de l'Assemblée qui les conditionnaient. En fait, la souveraineté nationale n'a rien à voir dans la question qui nous occupe, car la vérification des pouvoirs n'est pas de son ressort, c'est l'élection seule qui en est, et c'est en fait à elle que restera toujours le dernier mot, puisqu'une fois la nullité de l'élection déclarée, c'est elle qui sanctionnera ou désapprouvera la décision prise en élisant de nouveau l'invalidé ou en lui refusant ses voix.

D'ailleurs, comme le fait très justement remarquer M. Moreau, ce sont les « validations ou invalidations dictées par l'esprit de parti et dirigées contre l'expression vraie des votes (1) » qui sont de nature à blesser la souveraineté nationale, non les « décisions judiciaires qui appliquent la loi dans sa sereine impartialité. » Et quant à la dignité de la Chambre elle-même qui ne doit point

(1) Moreau, *op. cit.*, p. 424.

connaître de supérieur, il ne nous semble pas qu'il soit question de lui en donner un, ici. Ce n'est pas en effet la Chambre qui est en cause, c'est le cas de tel ou tel de ses membres qui a donné lieu à des doutes sur les droits qu'il avait à être admis dans ses rangs, et contre lequel une action judiciaire a été entamée. Il ne s'agit pas en réalité de donner au pouvoir judiciaire le droit de contrôler toutes les élections. Un élu contre lequel on ne dirige aucune protestation devrait, comme cela se passe en Angleterre et dans plusieurs autres pays, siéger sans autres formalités : la Chambre gagnerait ainsi un temps précieux qu'elle perd régulièrement au commencement de chaque législature, à écouter (ou paraître écouter) des rapports absolument inutiles sur toutes les élections non contestées. Quand la protestation, s'est, au contraire, élevée, il serait plus juste de voir le député qui en est l'objet ne pas prendre part aux travaux de la Chambre, ou ne le faire tout au moins que dans des proportions limitées. Impossible dans le système actuel (1), cela le serait parfaitement avec le nôtre, et l'on ne verrait plus ce spectacle réellement immoral, d'un membre de la Chambre prononçant sur la validité des élections de ses collègues alors que la sienne propre n'a pas encore été examinée. Quel juge impartial et digne peut-être celui qui sait que demain il sera à son tour jugé par ceux qui comparaissent devant lui ! Le pouvoir judiciaire n'a donc pas à s'occuper

(1) Il serait possible, en effet, à une opposition révolutionnaire, d'empêcher la Chambre de se réunir en déposant des plaintes contre toutes les élections. La Chambre devant les juger ne pourrait le faire, puisqu'aucun de ses membres ne pourrait siéger. Avec le pouvoir judiciaire, ce risque serait écarté, car il ferait immédiatement justice de toutes les protestations mal fondées, ce qui permettrait de réunir quand même les députés.

des Chambres en tant qu'autorités législatives, mais à prononcer sur l'honnêteté et la moralité de certains de leurs membres présumés auteurs, complices ou responsables de violation des lois protectrices du suffrage universel. Il joue un rôle habituel de défenseur et de gardien de l'ordre, avec toutes les garanties qu'il donne.

Celles-ci sont à la vérité nombreuses et nous ne partageons point pour notre part les doutes ou les appréhensions de M. Esmein et de M. Fuzier-Hermann ni même d'Orlando, bien que celui-ci se place à un point de vue purement national. Nous savons bien que la magistrature anglaise, elle aussi, a un moment redouté la mission dont on allait la charger, en 1867 : le Lord Chief-Justice en personne protesta en son nom, allant jusqu'à dire que le projet de lord Derby était « inconstitutionnel, et inique vis-à-vis des juges, calculé pour dégrader la magistrature (1) ». Et cependant l'expérience a prouvé le peu de fondement de ces appréhensions, car tout le monde est satisfait des actes de la magistrature anglaise et son autorité n'a été diminuée en rien par sa nouvelle fonction. C'est qu'en effet, donner aux juges ordinaires le droit de vérifier les pouvoirs, ce n'est pas comme on l'a craint introduire la politique dans la magistrature, mais bien au contraire la faire disparaître d'une opération dans laquelle elle n'a absolument rien à voir et qu'elle vicie profondément lorsqu'elle y pénètre. L'indépendance des magistrats est suffisamment garantie dans tous les pays pour que justement ils puissent résister aux sollicitations, d'où qu'elles leur viennent, et la confiance qu'ils doivent espérer résultera promptement de l'impartialité que l'on pourra constater dans leurs décisions.

(1) Müller, *loc. cit.*, p. 444.

Un avantage très important de la procédure que nous préconisons serait également dans la nécessité de la comparution des parties et de leurs témoins. A la Chambre, tout se passe devant un dossier et le débat s'élève entre le député attaqué et l'un de ses collègues représentant les protestataires (1). Combien préférable serait le débat contradictoire normal avec obligation, pour le demandeur, d'être entendu ainsi que tous les témoins qui alors prêteraient serment et seraient en tous points considérés comme des témoins judiciaires, tandis qu'à l'heure présente notre jurisprudence refuse absolument ce caractère aux personnes entendues par une commission d'enquête parlementaire (2). On voit de suite combien plus grandes seraient les garanties de sincérité et de sérieux du débat, Les questions posées à un contradicteur de mauvaise foi le dérouteront ; le serment imposé arrêtera le témoin peu sûr de lui-même ou animé par l'esprit de parti et qui reculera devant un faux serment.

Quelle juridiction charger chez nous de cette mission redoutable? Je n'ai point la prétention de trancher ici cette délicate question. C'est une question d'espèce et de fait, pour la solution de laquelle il faudrait se déterminer, à mon avis, suivant deux principes. Tout d'abord, on doit avoir recours à une juridiction suffisamment haute pour que les magistrats qui la composent soient considérés comme les premiers représentants du pouvoir judiciaire,

(1) Autre immoralité du système ! Les premières rencontres entre collègues d'une nouvelle législature appartenant à des partis opposés sont ainsi l'occasion de querelles personnelles dont les effets se perpétueront à n'en pas douter durant tout l'exercice de leur mandat.

(2) Voir notamment Bordeaux, 26 juillet 1878. — Sirey, 79, 2, 225 et la note de M. Labbé.

suffisamment éloignée aussi du lieu dans lequel s'est effectuée l'élection contestée pour que des considérations locales ne puissent avoir aucune influence même inconsciente sur les décisions prises. Ensuite, on ne doit pas rendre définitif et sans appel le premier jugement intervenu, mais à l'exemple de l'Angleterre autoriser un recours contre cette décision, afin d'éviter toute solution hâtive et partant toute surprise.

Mais, nous élevant au-dessus de toutes ces considérations, qu'il nous soit permis en terminant d'exprimer un vœu plus général : celui que de plus en plus l'élection perde son caractère d'opération administrative, que lui a donné notre régime de centralisation, pour prendre de plus en plus celui d'une lutte entre des personnes représentant des partis organisés, et s'efforçant d'arriver à assurer par eux-mêmes la régularité du vote. La récente proposition de loi votée par la Chambre des Députés est entrée dans cette voie en permettant ce qui est depuis longtemps autorisé en Angleterre : l'introduction de droit dans le bureau de vote, à titre de représentant officiel du candidat, d'un électeur ayant reçu mandat de lui à cet effet. Grâce à une semblable disposition et à quelques autres contenues dans la même proposition ; grâce à une intervention législative de l'Etat pour assurer à tous une égale protection, qui ne doit pas cependant dispenser les partis et leurs candidats d'un effort personnel ; grâce enfin, et comme couronnement, à l'intervention du pouvoir judiciaire impartial dans la constatation et la répression égale pour tous des délits commis, nous pourrons arriver à voir ces partis politiques sans lesquels il n'y a pas de régime parlementaire véritable, s'organiser plus sérieusement, préciser leurs programmes avec plus de netteté, et, mis à l'abri des querelles de personnes, des discussions irritantes et sans profit sur des faits dont le jugement ne leur appartient pas, commencer dès le début d'une législature l'œuvre pour l'accomplissement de laquelle leurs députés y ont été envoyés. Le lendemain d'une élection, tout devrait en effet s'oublier au sein du Parlement, des incidents de la bataille de la veille : les représentants de la nation le sont tous à un titre égal, la seule différence entre eux vient de la position respective de leurs partis et cette différence consiste seulement en ceci que la majorité doit prendre la direction et la responsabilité du gouvernement tandis que la minorité en aura le contrôle et l'exercera en toute liberté, tout en se préparant dans le calme à la mission qui le lendemain peut lui être confiée par le pays de prendre à son tour sous sa garde ses grands et chers intérêts.